ME ENCANTA DORMIR EN MI PROPIA CAMA

I LOVE TO SLEEP IN MY OWN BED

Shelley Admont
Illustrated by Sonal Goyal and Sumit Sakhuja

www.kidkiddos.com
Copyright©2013 by S. A. Publishing ©2017 by KidKiddos Books Ltd.
support@kidkiddos.com

All rights reserved. No part of this book may be reproduced in any form or by any electronic or mechanical means, including information storage and retrieval systems, without written permission from the publisher or author, except in the case of a reviewer, who may quote brief passages embodied in critical articles or in a review.

Second edition

Library and Archives Canada Cataloguing in Publication data
I Love to Sleep in My Own Bed (English Spanish Bilingual Edition)/ Shelley Admont
ISBN: 978-1-5259-1579-6 paperback
ISBN: 978-1-77268-409-4 hardcover
ISBN: 978-1-926432-80-9 eBook

Please note that the Spanish and English versions of the story have been written to be as close as possible. However, in some cases they differ in order to accommodate nuances and fluidity of each language.

For those I love the most–S.A.
Para aquellos a los que más quiero–S.A.

Jimmy, a little bunny, lived with his family in the forest. He lived in a beautiful house with his mom, dad, and two older brothers.

Jimmy, el pequeño conejito, vivía con su familia en el bosque. Vivía en una preciosa casa con su madre, su padre y sus dos hermanos mayores.

Jimmy didn't like to sleep in his own bed. One night, he brushed his teeth and before going to bed, he asked his mom, "Mom, can I sleep in your bed with you? I really don't like sleeping in my bed alone."

A Jimmy no le gustaba dormir en su propia cama. Una noche, antes de acostarse, le preguntó a su madre:
-¿Mamá, puedo dormir contigo? No me gusta dormir sólo en mi cama.

"Sweetie," said Mom, "everyone has his own bed, and your bed suits you just right."

-Cariño, – dijo su mamá- cada uno tiene su propia cama y la tuya es perfecta para ti.

"But, Mom, I don't like my bed at all," answered Jimmy. "I want to sleep in your bed."

-Pero mamá, no me gusta nada mi cama, -respondió Jimmy-. Yo quiero dormir contigo.

"Let's do this," said Mom, "you get into your bed, and I'll hug you, tuck you in, and read you and your brothers a story. Then, I'll give you a kiss and sit with you until you fall asleep."

-Vamos a hacer esto, -dijo mamá-. Te vas a poner en tu cama y te voy a abrazar, a tapar y os voy a leer un cuento a ti y a tus hermanos. Después, te daré un beso y me quedaré junto a ti hasta que te duermas.

"Okay," agreed Jimmy, and he gave his mom a kiss.

-Vale, - aceptó Jimmy, y le dio un beso a su madre.

Mom hugged Jimmy and read a bedtime story to her three children. During the story, the children fell asleep.

Mamá abrazó a Jimmy y leyó un cuento a sus tres hijos. Durante el cuento los niños se quedaron dormidos.

Mom gave all of them a goodnight kiss and went to sleep in her bed in her room.

Mamá les dio un beso de buenas noches a todos y se fue a dormir a su habitación.

In the middle of the night, Jimmy woke up. He sat up in bed, looked around, and saw that Mom wasn't next to him.

A mitad de la noche Jimmy se despertó, se sentó en la cama, miró a su alrededor y vio que su madre no estaba con él.

Then, he got out of bed, took his pillow and blanket, and sneaked quietly into Mom and Dad's room. He got into their bed, hugged Mom, and fell asleep.

Entonces , se levantó de la cama, cogió su cojín y su manta, y entró sigilosamente en la habitación de sus padres. Se puso en su cama, abrazó a su madre y se durmió.

They slept like that the whole night until the morning.

Durmieron así toda la noche hasta la mañana siguiente.

The next night, Jimmy woke up again. He took his pillow and blanket, and tried to leave the room like the night before.

La noche siguiente, Jimmy se despertó otra vez, cogió su cojín y su manta e intentó abandonar la habitación como en la noche anterior.

But just then, his middle brother woke up.

Pero después, su hermano del medio se despertó.

"Jimmy, where are you going?" he asked.
-¿Jimmy, a dónde vas? –preguntó.

"Ah, ahh...," Jimmy stuttered, "nowhere. Go back to sleep."

-¡Ah! ¡Ah! -Jimmy balbuceó- a ningún sitio. ¡Vuelve a la cama!

He quickly ran to his mom and dad's room. He sneaked into their bed and pretended to sleep.

Él rápidamente corrió a la habitación de sus padres, se escabulló en su cama y fingió dormir.

But his middle brother was wide awake.

Pero su hermano del medio estaba completamente despierto.

When he discovered that Jimmy was sleeping in their mom and dad's bed, he was very upset.

Cuando descubrió que Jimmy estaba durmiendo en la cama de sus padres se enfadó.

So that's the way it is, is it? he thought. If Jimmy is allowed, then I want to also.

"¿Así que así funciona esto, no?", pensó. "Si a Jimmy le permiten hacer eso, yo también lo quiero".

With that, he got into their parents' bed as well!

Así que, ¡él también se metió en la cama de sus padres!

Mom heard the strange noises, opened her eyes, and saw the two children in bed. She made room for them in the bed, by making do with a small corner of the bed for herself.

Mamá oyó sonidos extraños, abrió los ojos y vio a sus dos hijos en su cama. Les hizo un hueco en la cama arrimándose a un pequeño rincón.

Again, they slept like that the whole night until the morning.

Otra vez, durmieron así toda la noche hasta la mañana siguiente.

On the third night, the same thing happened. Jimmy woke up, took his pillow and blanket, and went to his parents' room.

La tercera noche pasó lo mismo. Jimmy se despertó, cogió su cojín y su manta y fue a la habitación de sus padres.

But this time, the oldest brother also woke up.

Pero esta vez el hermano mayor también se despertó.

Something's not right here, he thought to himself and followed his two younger brothers to Mom and Dad's room.

"Algo no está bien aquí" pensó, y siguió a sus dos hermanos pequeños hacia la habitación de sus padres.

When he saw his two brothers sleeping together with Mom and Dad, he was very jealous.

Cuando el hermano mayor vio a sus dos hermanos durmiendo junto a su mamá y su papá se puso muy celoso.

I also want to sleep in Mom and Dad's bed, he thought and quietly jumped into the bed.

"Yo también quiero dormir en la cama de mamá y papá," pensó, y silenciosamente se puso en su cama.

It was really uncomfortable. Mom and Dad didn't rest the whole night. Tossing and turning, they tried to find the most comfortable way to sleep.

Fue muy incómodo para ellos, mamá y papá no durmieron bien en toda la noche. Dando una y otra vez vueltas en la cama intentaban encontrar el mejor modo de dormir.

It wasn't easy for the little bunnies either. They turned over and over in the bed until it was almost morning.

No fue fácil para los pequeños conejitos tampoco. Ellos también giraban una y otra vez en la cama intentando encontrar una posición cómoda hasta que amaneció.

Then suddenly...Boom! ...Bang! ...the bed broke!

Después, de golpe... ¡boom! ...¡bang! ...¡la cama se rompió!

"What happened?" Jimmy shouted as he woke up right away.

-¿Qué pasó? -gritó Jimmy cuando se despertó de golpe.

"What are we going to do now?" said Mom sadly.

-¿Qué vamos a hacer ahora? -dijo la mamá triste.

"We'll have to build a new bed," Dad announced. "After breakfast, we'll go to the forest and start working."

— *Tendremos que construir una cama nueva,* — *respondió el papá—. Después del desayuno, iremos al bosque y empezaremos a trabajar.*

After breakfast, the whole family went to the forest to build a new bed.

Después de desayunar toda la familia se fue al bosque y empezó a construir una nueva cama.

After a whole day's work, they had made a big, strong bed out of wood. The only thing left to do was decorate it.

Después de estar trabajando todo el día habían hecho una cama de madera grande y fuerte. La única cosa que faltaba era decorarla.

"We've decided to paint our bed brown," said Mom, "and while we're painting our bed, you can repaint your beds whatever colors you like."
—Hemos decidido pintarla de marrón, —dijo mamá—, y vosotros hijos podéis escoger el color que queréis para pintar vuestras camas.

"I want blue," said the oldest brother with excitement and ran to paint his bed blue.

-Yo la quiero azul -dijo el hermano mayor con entusiasmo y corrió a pintar su cama de color azul.

"And I choose the color green," said the middle brother happily.

-Y yo escojo el color verde, -respondió el hermano del medio contento.

Jimmy took the color red and the color yellow. He mixed the red with the yellow and made his favorite color…**orange**!

Jimmy escogió el color rojo y el color amarillo. Mezcló el rojo con el amarillo e hizo su color favorito… **¡el naranja!**

He painted his bed orange and decorated it with red and yellow stars.

Pintó su cama de naranja y la decoró con estrellas rojas y amarillas.

After he finished, he ran to Mom and proudly shouted, "Mom, look at my beautiful bed! I love my bed so much. I want to sleep in it every night."

Cuando terminó de pintar su cama corrió hacia su mamá y le gritó orgulloso:
-¡Mamá, mira mi cama qué bonita! Me encanta. Quiero dormir en ella cada noche.

Mom smiled and gave Jimmy a big hug.

La mamá sonrió y le dio a Jimmy un abrazo muy fuerte.

Goodnight, Jimmy!
¡Buenas noches Jimmy!

www.ingramcontent.com/pod-product-compliance
Lightning Source LLC
Chambersburg PA
CBHW061131070526
44584CB00033B/4289